AF555245

Ln 27
23021

ORAISON FUNÈBRE

DU

R. P. LACORDAIRE

ORAISON FUNÈBRE

DU

R. P. LACORDAIRE

PAR

M. L'ABBÉ JUSTIN MAFFRE

Chanoine honoraire d'Albi et de Vannes

PRONONCÉE

DANS LA CHAPELLE DE L'ÉCOLE DE SORÈZE

Le 28 Novembre 1866

PARIS
CHEZ JACQUES LECOFFRE
Rue Bonaparte, 90

TOULOUSE
CHEZ DELBOY
Rue de la Pomme, 71

1867

TOULOUSE. — IMPRIMERIE CAILLOL ET BAYLAC, RUE DE LA POMME, 34.

ORAISON FUNÈBRE

DU

R. P. LACORDAIRE

Et ipse tanquam imbres mittet eloquia sapientiæ suæ et in oratione confitebitur Domino.

Il répandra comme une rosée féconde les enseignements de la sagesse, et par sa prière il glorifiera le Seigneur.

(ECCLÉSIASTIQUE.)

MESSEIGNEURS (*), MESSIEURS,

L'éloquence et la prière sont les reines du monde : l'une domine les hommes, l'autre subjugue Dieu lui-même. La première a des triomphes qui effacent ceux des héros. Son empire n'est limité ni par le temps ni

(*) Mgr Lyonnet, archevêque d'Alby ; — Mgr Dubreuil, archevêque d'Avignon ; — Mgr Ramadie, évêque de Perpignan ; — Mgr Lacorrière, ancien évêque de Basse-Terre, chanoine-évêque de Saint-Denis.

par l'espace, et là où le fer n'entasse que des ruines, elle fait éclore la civilisation et la liberté. Force à la fois mystérieuse et formidable, elle réveille les siècles à son souffle puissant et porte hardiment ses conquêtes par delà ces frontières de la conscience que l'orgueil couronné par la victoire a si rarement franchies. La seconde élève son vol plus haut encore. C'est l'aigle fuyant les basses et humides régions pour se reposer au sein de la lumière. Toute autre atmosphère que celle de l'infini est trop étroite pour ses aspirations. Semblable à ces fluides qui échappent à toute atteinte, elle défie tous les efforts de la puissance. En face des triomphes de l'impiété, jusques sous le poids des chaînes, elle conserve son étonnant pouvoir, et lorsque toutes les résistances ont fléchi sous le poids des persécutions, elle est la suprême affirmation des droits de la conscience et la dernière arme du martyr. Quand le génie de l'éloquence et l'esprit de prière viennent, comme une double irradiation, se reposer sur une tête humaine, le monde peut contempler une de ces apparitions sublimes faites, ce semble, pour mieux révéler Dieu. Tel, le front chargé d'éclairs, Moïse se montrait à ce peuple fatidique dont il était le guide et le législateur. Tels apparaissent, au seuil du Catholicisme, les Pères de l'Église, les Tertullien, les Chrysostôme, les Augustin, tous ces grands hommes qui, au milieu des ruines d'un vaste empire et à travers un bouleversement universel, jetèrent, avec leur parole, les principes générateurs d'un monde nouveau.

Notre siècle n'a-t-il pas admiré et ce douloureux anniversaire ne rappelle-t-il pas un de ces hommes prédestinés pour dominer leur siècle et le sanctifier? Le seul nom de Lacordaire symbolise tous les triomphes de la parole, toutes les sublimités de la vertu. Quel orateur exerça sur son époque une influence plus décisive, un empire plus souverain? Quel religieux fit de son âme le foyer de plus saintes flammes, de plus fervents désirs? Si pendant trente ans, sur un siècle desséché par le doute, il a répandu comme une rosée féconde, les enseignements de la sagesse, n'a-t-il pas glorifié Dieu par les constantes effusions de son cœur? Ne peut-on pas, avec une évidente justesse, lui appliquer ces paroles des Livres-Saints : *Et ipse tanquam imbres mittet eloquia sapientiæ suæ et in oratione confitebitur Domino?* Aussi, appelé à prononcer son éloge, ai-je cru répondre à la grandeur du sujet et à votre légitime attente, en développant devant vous les grandes lignes de ce double apostolat.

Dans une première partie, nous considérerons Lacordaire comme apôtre par son éloquence : *Et ipse tanquam imbres mittet eloquia sapientiæ suæ.* Dans la seconde, nous l'envisagerons comme apôtre par la sainteté qui est la conséquence de l'esprit de prière et son fruit le plus beau. *Et in oratione confitebitur Domino.* L'une sera l'histoire de son action sur le monde, l'autre celle de ses vertus. Tel sera le partage de ce discours consacré à la mémoire de l'illustrissime et révérendissime père en Dieu, Henri-Dominique Lacordaire, restaurateur de l'ordre des Dominicains en France et la gloire immortelle de Sorèze.

Mais comment aborder un tel discours en présence de cet auditoire de pontifes, à l'ombre de ces voûtes où la voix du grand orateur semble résonner encore? Ma pensée émue ne se rassure que par la certitude de votre indulgence. Vos souvenirs suppléeront aisément à l'insuffisance de ma parole. Qui ne sait, d'ailleurs, qu'il en est des grands hommes de la religion et de la patrie comme de ces astres cachés au fond des cieux, dont la science n'a pu décrire la forme ni mesurer l'orbite, mais dont le genre humain tout entier bénit la lumière ?

I.

Le dix-huitième siècle, en expirant dans le sensualisme et dans le sang, avait pu entrevoir à l'horizon des signes non équivoques de rénovation religieuse et sociale. La France, fatiguée d'orages, redemandait ses vieilles croyances, et bientôt les mains de la victoire, ces mains qui avaient couvert de lauriers toutes les blessures de la patrie, devaient rouvrir nos églises et relever nos autels. Mais si les excès de la Révolution avaient excité en France et en Europe une profonde horreur, ses principes d'égalité civile avaient conquis un empire qu'ils devaient garder. Tout était nouveau, les mœurs, les institutions, les lois. Seule, resplendissante de la gloire des siècles, la religion levait son front de reine au-dessus des ruines d'un monde qui n'était plus. Elle n'avait rien évidemment à retrancher de ses dogmes divins et immuables; elle n'avait rien à répudier de son passé parce que, semblable à son fondateur, elle est, à toutes les époques, *amour* et *vérité*. Mais il fallait réconcilier le siècle avec elle, montrer les harmonies trop méconnues de la raison et de la foi, les rapports nécessaires de la véritable liberté des peuples avec le progrès des idées religieuses. Il fallait, à une époque de rénovation universelle, prouver que la religion ne proscrit que le crime, et que si elle ne consacre pas tous les principes modernes éclos au milieu de nos tempêtes et si diversement interprétés, elle admet du moins la situation qu'ils ont faite et seconde, par son enseignement et son influence sur les masses, le développement régulier de la civilisation. A cet apostolat d'un nouveau genre, il fallait, ce semble, des apôtres nouveaux. Les voilà qui, semblables aux étoiles le jour de la création, surgissent sur un signe du Très-Haut et viennent se ranger autour de l'Église pour la défendre : *Stellæ vocatæ sunt et dixerunt : ad sumus.* L'Espagne aura Balmès; l'Italie, Ventura; l'Angleterre, Wiseman; la France, Lacordaire; et dans cette réunion de noms illustres, la France, comme toujours, aura la meilleure part.

Lacordaire naquit, en 1802, dans cette vieille province de Bourgogne, si fière d'avoir été le berceau de saint Bernard et de Bossuet. Chrétienne courageuse et forte, sa mère cultiva de bonne heure dans son âme les germes de cette foi dont il devait être l'apôtre un jour. Dirai-je comment, au collége de Dijon, cette foi se voila d'un épais nuage et comment les vagues erreurs du déïsme remplacèrent, dans son âme, les mâles croyances du premier âge? Mais, j'ai hâte de le proclamer, si triste qu'il soit, ce naufrage ne fut pas complet. Aucun souffle ennemi n'altéra la pureté de ses mœurs, et à travers les orages du monde, son âme resta comme embaumée d'un parfum virginal. A défaut de ces dons heureux que la rosée de la grâce peut seule produire, Lacordaire possédait ces vertus naturelles qui, sur le sol de l'antiquité, auraient fait de lui le modèle de la jeunesse. Quelle élévation dans ses sentiments! Quel charme dans son amitié! Quelle ardeur pour la conquête de la science! Quelle noble ambition de se rendre utile à son pays, de servir la France!

Cette grande âme ne devait pas rester longtemps prisonnière de l'erreur. Heureux ceux qui ont le cœur pur parce qu'ils verront Dieu. *Beati mundo corde quoniam Deum videbunt.* Magnifique promesse que Lacordaire verra bientôt s'accomplir. Son âme, naturellement chrétienne, aspirait haletante à la possession de la vérité : il y avait entre elle et l'évangile des affinités profondes, une mystérieuse harmonie. A travers la froide nuit qui l'enveloppait de toutes parts, au milieu de cette solitude stérile, de ce désert aride où languit son cœur désenchanté, le catholicisme lui apparaît comme un phare dont la lumière, grandissant par degrés, dissipe tous les nuages et l'inonde d'une souveraine clarté. Le déiste révolté devient le disciple fidèle, et Dieu, jaloux d'achever sa conquête, lui inspire les saints désirs du sacerdoce. Vainement l'amour maternel alarmé dresse des obstacles; vainement le monde déroule à son regard les perspectives de la gloire : Lacordaire foule aux pieds toutes ces séductions, tous ces charmes; il rompt les liens qui l'enchaînent au siècle et court s'enfermer au séminaire de Saint-Sulpice. Ordonné prêtre en 1827, il ouvre, au collége Henri IV, la carrière de son apostolat. C'était une heure solennelle. Les fils attardés du dix-huitième siècle avaient recommencé leurs attaques contre la foi. La tribune nationale retentissait de leurs violente invectives et une presse stipendiée par le crime se faisait chaque jour l'organe de leurs détestables passions. En face de ces ennemis qu'aucune concession ne pouvait satisfaire et qu'irritait toute résistance, le pouvoir flottait incertain entre des mesures énergiques qu'il n'avait pas le courage de prendre, et une tolérance aveugle qui répugnait à ses instincts religieux. Les catholiques comprirent bientôt qu'ils ne pouvaient compter que sur eux-mêmes pour la défense de leur foi. Ils entrèrent résolument dans la lutte et, à défaut d'un grand homme, ils se rangèrent en grand nombre sous les drapeaux de Lamennais. Il avait surgi du fond de l'antique Bretagne, ce Tertullien des temps nouveaux. Il avait fixé les regards de l'Europe par l'éclat de ses premiers combats. L'Église de France, qui sortait décimée des catacombes de la Révolution, avait cru trouver en lui un nouveau Néhémie destiné à consoler les ruines de ses sanctuaires désolés. Magnifique espérance trop tôt ravagée par l'orgueil ! On vit bientôt, en effet, que Lamennais n'avait ni assez de science pour commander aux autres, ni assez de sainteté pour se soumettre lui-même. Lacordaire subit à son tour la fascination de ce génie. Il s'élança, avec toute l'ardeur d'un dévouement qui ne calcule pas, aux postes les plus périlleux de la lutte; et s'il ne partagea pas les idées philosophiques du maître, il ne fut pas moins l'un de ses disciples les plus courageusement fidèles.

Mais déjà le théâtre de la lutte s'était agrandi. Un orage avait emporté dans l'exil les derniers débris d'une monarchie séculaire. Entre le catholicisme et ses adversaires, il y avait l'abîme que la disparition du trône avait creusé. Fallait-il élargir cet abîme ou essayer de le combler?

Lacordaire ne balance pas. Il se pose hardiment sur le terrain ouvert à toute initiative généreuse, sur le terrain de la liberté. C'est au nom de la liberté que la révolution s'est accomplie; c'est au nom de la liberté, et de la plus sainte de toutes, que Lacordaire revendique les droits de la conscience et de l'antique foi. Cet amour passionné pour la liberté religieuse explique l'ouverture d'une école libre et la part active qu'il prit à la rédaction de l'*Avenir*.

Qui ne connaît le rôle éclatant de ce journal? Dans quelques jours, il eut conquis, par la supériorité et la chaleur de sa rédaction, la première place dans les rangs de la presse catholique. Heureux si, par cette sage pondération de toutes choses que recommande l'apôtre saint Paul, il n'avait élevé de simples opinions à la hauteur de dogmes indiscutables et n'eût embrassé les questions sous prétexte de les élucider. C'étaient tous les jours de nouveaux plans à adopter, des réformes à réaliser, des progrès à accomplir. Certes, pourquoi dissimuler? l'Eglise ne pouvait se laisser ainsi gouverner par un concile de journalistes plus ardents polémistes que profonds théologiens. L'Eglise a d'autres cénacles, et si elle accepte et bénit tous les dévouements, elle n'abdique jamais, pas même entre les mains du génie. C'est là son devoir et sa gloire, et à cette gloire, toujours elle a été fidèle; à ce devoir, jamais elle n'a failli! Une voix sort du Vatican! Lacordaire déserte la lutte; s'il s'était honoré par sa vaillante attitude en face de la Révolution, il s'honora bien plus encore en écoutant la voix du successeur de Pierre. Il rompt, au prix des plus cruels sacrifices, les liens qui l'attachaient à un homme trop orgueilleux pour comprendre que le génie, comme le soleil, a son orbite qu'il doit respecter et qu'on ne demande de s'humilier qu'à ce qui est grand. Rendu à lui-même, Lacordaire se prépare, dans la retraite, à servir plus utilement et sur un autre théâtre la cause de la religion et les droits de Dieu. Déjà les échos de la presse ont redit les triomphes de sa parole au collége Stanislas; et quand la jeunesse des écoles vient, au nom d'un saint archevêque, le porter sur ses bras, dans la chaire de Notre-Dame, il y paraît en maître. Ce n'est pas le moment encore de juger ces conférences qu'il inaugure avec tant d'éclat. Pendant deux ans, le succès reste fidèle à sa parole; mais, quels que soient ces triomphes, Lacordaire sent que ce n'est pas assez d'un homme, si heureusement doué qu'il puisse être, pour lutter contre les erreurs de son siècle. A une époque où tout se concentre pour être plus fort, l'apostolat doit, lui aussi, former une puissante agrégation. La vocation religieuse de Lacordaire est née d'une pensée émue par les besoins de son siècle. Pour la réaliser, il ira dans cette ville de Rome qui donne à toutes les grandes œuvres le sceau de l'immortalité et où sa main a déjà tracé cette admirable *lettre sur le Saint-Siége*, qu'on dirait écrite d'hier, tant, après trente ans écoulés, elle renferme encore de palpitantes actualités. A cette chaire de Pierre, qui députa vers nous les premiers apôtres des Gaules, il ira demander des apôtres nouveaux. Après de solennelles épreuves et des difficultés de tout genre heureusement vaincues, il reparaît enfin, et l'ombre de saint Dominique tressaille en voyant renaître et refleurir sur la terre natale l'ordre illustre des Frères-Prêcheurs ! A la vue de ce rétablissement merveilleusement préparé par la publication d'un éloquent *mémoire* adressé *à la nation française*, la famille tout entière de saint Dominique ne put-elle pas s'écrier, en empruntant le langage des livres saints : *In memoriam multi temporis qui erexit nobis muros eversos et stare fecit portas et seras, qui erexit domos nostras.* Qu'il se conserve longtemps le souvenir de celui qui a relevé nos murailles renversées, qui a rétabli nos portes et rebâti nos maisons !

Mais bientôt, au milieu d'applaudissements unanimes, il rouvre le cours de ses conférences. Après cinquante ans de proscription, le froc religieux reparaît dans la chaire de Notre-Dame : ce jour-là, il y eut en France une liberté de plus.

A cette heure, le XIXe siècle avait presque accompli la moitié de sa course, et il oscillait encore dans sa marche incertaine. Il avait eu pour la vérité de sublimes élans et pour l'erreur de trop prompts retours. Fomenté par cet esprit d'indépendance si naturel à l'esprit français et par de tristes malentendus, l'antagonisme durait encore. C'était la descendance de Voltaire qui sifflait, c'était toute une génération nouvelle imbue des doctrines d'un faux libéralisme, qui désertait l'Eglise affectant de ne voir en elle que l'éternelle ennemie de la raison humaine et du véritable progrès. Ce n'était pas la persécution déclarée, ouverte : c'était quelque chose de plus insultant et de moins fécond : c'étaient les mépris du prétoire sans les gloires du Golgotha. Qui donc fera cesser cet antagonisme et ramènera le siècle aux pieds de la croix? Ce sera Lacordaire. Il sera le Bossuet des peuples comme l'immortel évêque de Meaux a été le Bossuet des rois.

Il paraît dans la chaire de Notre-Dame et les échos de la vieille Basilique, si longtemps endormis, se réveillent; les sacrés parvis ne pleurent plus leur solitude; ils sont inondés par les flots d'un peuple avide de la sainte parole. La jeunesse des Écoles court à ces fêtes de l'éloqence avec plus d'entraînement qu'aux plaisirs : les plus fières intelligences, les génies les plus sublimes, toutes les illustrations de la magistrature, de la science et des lettres se donnent rendez-vous autour de la chaire de Notre-Dame et saluent dans Lacordaire le prophète des temps nouveaux.

Une nouvelle ère s'ouvre et une heureuse transformation s'opère : si ce n'est pas encore l'adhésion pleine et entière, c'est du moins le respect ; si ce n'est pas l'acte de foi qui sauve, c'est l'admiration qui le prépare et y conduit. Comment retracer de tels souvenirs ? Comment dépeindre ce geste dominateur, cette voix vibrante où le cœur palpite et où l'intelligene se réfléchit ? Comment décrire les triomphes de cette parole inspirée planant majestueuse au dessus de cette foule immense qu'elle captive et ravit tour à tour, et puis s'échappant des parvis Notre-Dame et s'envolant sur les ailes de la presse jusqu'aux extrémités du royaume, de telle sorte que l'auditoire de Lacordaire, ce n'était plus la capitale de la France, c'était la France tout entière ! Et ces triomphes éclatent moins de cinquante ans après la révolution française, moins de dix ans après le sac de l'archevêché et la destruction des croix. Où trouver le secret de ce prodigieux changement ? Sans doute la parole sainte était l'instrument le plus actif de cette heureuse transformation ; elle a toujours la puissance native de convertir les cœurs : *Lex Domini immaculata convertens animas*. Mais ne sait-on pas que le règne de la vérité dépend souvent des serviteurs qu'elle rencontre sur la terre ?

A cette même place, que d'orateurs étaient venus, les uns remarquables par l'élégance académique et les formes oratoires de leurs discours ; les autres, moralistes puissants, par une connaissance parfaite des passions diverses qui agitent le cœur humain. Et les voies de Sion étaient restées désertes; le siècle ne s'était pas détourné de sa route, le blasphême n'avait pas cessé de rugir. Que manquait-il à ces hommes? Il leur manquait peut-être ce que les grands apôtres du catholicisme ont toujours possédé et ce que Lacordaire réunissait à un degré souverain : il leur manquait d'être tout à la fois les hommes de la religion et de la société, les hommes de la foi et de la raison, les hommes du temps et de l'éternité. En communion avec la foi, il leur manquait d'être en communion avec le siècle dans ce qu'il a de généreux et de grand.

La gloire de Lacordaire, le but de ses conférences et, je puis dire, tout l'effort de sa vie a été la poursuite de cet accord profond, harmonique, nécessaire entre la raison et la foi, entre l'Église et la civilisation. Ne sont-ils pas, en effet, insensés ceux-là qui, emportés par un fol orgueil ou livrés à de ridicules craintes, proscrivent la foi au nom de la raison et la raison au nom de la foi? Un Dieu sage n'a-t-il pas coordonné toutes ses œuvres, et de quel soleil que tombe la lumière n'est-elle pas sympathique au monde qu'elle éclaire? Repousser la foi n'est-ce pas se redresser contre Dieu même qui avait bien le droit de déterminer le mode de ses manifestations? N'est-ce pas tarir la source où tant de saints ont puisé, ôter aux passions leur frein le plus puissant, consacrer tous les délires, et à travers d'immenses ruines arriver à l'apothéose de soi-même? Exaltation impie! Idole sacrilége qui, comme toutes les idoles, roulera bientôt dans la poussière ou dans le sang!

— Proclamer l'impuissance absolue de la raison, ou du moins affaiblir sa valeur, n'est-ce pas se défier de l'intelligence humaine et, en justifiant d'aveugles attaques, ébranler follement l'une des deux puissantes colonnes qui soutiennent le temple de la vérité? Inséparablement unies dans la pensée de Dieu, immortel foyer d'où elles rayonnent, la raison et la foi doivent logiquement être unies dans la pensée de l'homme. Leur alliance solennellement proclamée par saint Paul, défendue par l'Église avec un soin jaloux, fait tout à la fois la force et le triomphe du catholicisme qui peut seul s'appuyer sur elle. Lacordaire s'est toujours montré le défenseur de cette alliance. Il a réuni le double caractère de philosophe et d'apôtre. Par là il n'a pas seulement témoigné de son respect pour les conquêtes de la raison; il a affirmé une fois de plus l'enseignement de saint Thomas et de la tradition tout entière. Sa parole, comme un phare lumineux, a dominé les erreurs opposées et également funestes : elle a abaissé d'insurmontables barrières et vaincu par la raison même les intelligences révoltées au nom de la raison.

L'alliance de la religion avec la civilisation n'est pas moins intime. La religion étant toute vérité est par là même toute lumière. Vous parlez de la science, n'est-ce pas elle qui en a rallumé le flambeau ? Vous parlez de bienfaisance? n'est-ce pas elle qui a ouvert cette source de charité qui vivifie le monde? Vous parlez de découvertes? n'est-ce pas elle qui les bénit et les fait servir à la gloire du Dieu qui les inspire? Vous parlez de liberté?

n'est-ce pas elle qui a détruit l'esclavage, donné les premières chartes d'affranchissement et maintenu, en face des maîtres du monde, ces principes d'égalité et de justice premières assises de la liberté des peuples? Ah! sans doute, il est une liberté que Lacordaire détestait et que la religion repousse ; c'est celle qui, née dans un jour d'orage, s'est promenée à travers les ruines ; c'est celle qui s'est désaltérée aux pieds des échafauds dans le sang des rois et des pontifes. Mais la liberté, fille de la civilisation et amie de la gloire, la liberté qui assure la dignité des peuples en les élevant à la hauteur de tous leurs devoirs, cette liberté-là Lacordaire l'aimait et nous l'aimons, nous l'aimons d'un amour d'autant plus fort que nous ne la séparons pas de l'autorité, divine comme elle dans sa source et nécessaire à la liberté même, pour la préserver du faux zèle qui la compromet et des excès qui la déshonorent!

Voilà les principes qui dominent les conférences de Lacordaire; voilà la pensée qui respire dans tous ses discours et qui palpite jusque dans l'intimité de sa correspondance. A Paris, à Metz, à Nancy, à Toulouse il poursuit le même but. Sa prédication, comme on l'a dit, est une prédication sociale et le pécheur qu'il s'efforce de ramener à Dieu, ce n'est pas un homme, c'est un siècle. Pour assurer un tel résultat, il s'identifie en quelque sorte avec lui. Saint Paul se glorifiait en face des Juifs d'être citoyen Romain. A ces foules émues qu'il veut conquérir à Dieu, Lacordaire jette cet éloquent défi : Vous êtes Français, — je le suis comme vous. —

Philosophes, — je le suis comme vous. — Libres et fiers, — je le suis plus que vous.

Vous le voyez, Lacordaire a été l'apôtre de son siècle par son éloquence; il a réalisé les paroles des livres saints : *mittet tanquam imbres eloquia sapientiæ suæ.* Mais il l'a été surtout par l'esprit de prière. *Et in oratione confitebitur Domino*, ce qui nous reste à vous exposer.

II

La prière n'est point un stérile mouvement des lèvres ni la savante combinaison de sons articulés. Elle consiste dans le rapprochement de l'homme avec Dieu par le libre hommage de l'un à la gloire de l'autre. La prière, c'est l'oblation souveraine du cœur. Or, cette oblation absolue, ce sacrifice de soi-même, ne s'opère que par l'amour. L'amour, dit saint Thomas, c'est un souffle qui détache l'âme, qui l'élève et la pose dans cette atmosphère supérieure où tout autre objet que Dieu lui est étranger. Tout amour a un double aspect : ou bien il se concentre sur l'objet aimé en s'isolant, en se repliant en quelque sorte en soi-même pour mieux savourer d'intimes jouissances, et alors il porte ce nom ineffable : Charité; ou bien, semblable à la flamme qui s'échappe du foyer, il se répand et cherche, par une sainte contagion, à se communiquer, et alors, il prend le nom de zèle. Eh bien! si nous contemplons Lacordaire, si nous étudions attentivement sa vie, quel immense foyer de charité, quels prodiges de zèle éclateront à nos regards!

Oui, certes, il aimait Dieu, cet homme qui, à une époque de la vie où le monde n'a que des fleurs et des sourires, brise tous les liens qui l'enchaînent, immole ses convictions les plus fortes pour s'attacher à Celui dont la voix l'appelle. Il n'attend pas, pour opérer ce retour, qu'un coup souverain le terrasse comme un autre Paul, sur le chemin de Damas; il n'attend pas, comme un autre Augustin, d'avoir senti le vide de toutes les créatures. Il se détourne du monde avant d'en avoir connu les désenchantements profonds; il renonce à des passions dont son âme, trop fière pour être asservie, n'a jamais connu le joug. A ce premier sacrifice s'ajoutent bientôt des sacrifices nouveaux. Chrétien, il brûle de se dévouer plus généreusement encore; serviteur de Jésus-Christ, il veut prendre place dans les rangs de ceux à qui le Divin Maître donne le doux nom d'amis : *Jam non dicam vos servos sed amicos*. Et si, dans cet immense horizon du sacerdoce, son regard découvre une perspective de perfection plus grande encore, une région d'abnégation plus complète et de plus généreux sacrifices, vous le verrez s'élancer vers cette région avec toute l'ardeur d'une âme dont l'amour est la loi. Supérieur à tous les obstacles et vainqueur de toutes les résistances, il s'unira à son Dieu par les liens les plus étroits et les plus forts. Et maintenant, sa vie ne sera plus qu'une longue aspiration d'amour. Holocauste des sens, martyre de la volonté, saintes rigueurs de la pénitence, flagellation sanglante de son corps, Lacordaire épuisera toutes les saintes inventions de la charité. Lui, le restaurateur d'un ordre illustre, il se considérera comme le dernier d'entre ses frères ! Saintement avide d'humiliations, il se jettera prosterné au-devant d'un simple novice, lui demandant comme une grâce de le fouler sous ses pieds ! Que de fois ne le vit-on pas arroser de larmes silencieuses le pavé du sanctuaire et couvrir la terre de ses baisers avant de monter à l'autel pour offrir à Dieu le sacrifice trois fois saint ! C'est ainsi qu'il expie en quelque sorte la gloire que lui prodigue le monde. Qui pourrait dépeindre l'embrasement de son cœur au seul souvenir du Dieu eucharistique? Ah ! vous qui avez contemplé à l'autel son attitude de séraphin, vous qui l'avez vu prolonger à l'ombre du tabernacle les délices de sa méditation, dites-nous les saints transports de son cœur et les voluptés ineffables qui l'inondaient !

Cet amour qui remplissait son âme rayonnait dans ses traits : il y avait de saintes flammes dans son regard ; son sourire avait quelque chose du sourire des anges et sa voix possédait, dans l'intimité, une onction douce et pénétrante qui ravissait. Près de lui, on oubliait l'orateur et le grand homme ; le saint se révélait tout entier. On peut dire de Lacordaire comme de Vincent de Paul, qu'il portait sur ses lèvres les charbons embrasés de l'amour divin qui consumait son cœur et qui éclate jusque dans sa correspondance. Oui, parmi ces lettres qu'on relit avec tant de charme, en est-il une seule qui ne respire son tendre amour pour Dieu, qui ne soit comme embaumée des suaves parfums de cet amour? Les questions les plus élevées de la politique, il les ramène, il les éclaire en se posant au centre de ce soleil et les détails plus indifférents, ce semble, lui fournissent l'heureuse occasion de donner un libre cours aux ardentes effluves de sa piété. Mais il est une œuvre entre toutes qui restera comme le monument immortel de cet amour : c'est l'histoire de Madeleine. Jamais plume plus chaste n'a décrit de plus chastes embrasements, de plus intimes voluptés. Ne dirait-on pas qu'il a reposé sur la poitrine de Jésus celui qui retrace avec tant de délicatesse et de vérité les opérations, les énivrements, l'extase de l'amour divin? Ah! Lacordaire, ce n'est plus l'aigle qui s'élance d'un vol rapide et disparaît dans la nue : c'est l'ange qui, en redisant les transports de la sainte amante de Jésus, chante ses propres ardeurs et fait entendre à la terre ces notes brûlantes qu'on dirait échappées à la lyre des séraphins.

L'amour répare, par le prestige du souvenir, l'absence de l'objet aimé. Lacordaire éprouvait ce mirage. Dans toutes les créatures, il voyait le rayonnement de Dieu. La nature tout entière, depuis l'étoile jusqu'à la fleur, lui apparaissait comme une manifestation de ce Dieu vivant et personnel qui se communique sans cesse sans s'épuiser jamais. Il se sentait plongé dans cet océan de la présence réelle et avec l'accent inspiré de saint François d'Assises, il s'écriait : Je le vois, je le sens! Je vois mon Dieu! Je sens mon Dieu! Élans sublimes dont les années, en s'écoulant, ne font qu'augmenter l'ardeur.

Qui s'étonnera qu'ainsi consumé par ces feux intérieurs Lacordaire ait cherché à en propager la flamme? Qui s'étonnera que sa vie tout entière n'ait été qu'un long effort pour étendre l'empire de Jésus-Christ? Ah! si le zèle est l'âme de l'apostolat et le rayonnement nécessaire de l'amour, Lacordaire a été le premier apôtre de son siècle. Son zèle est d'autant plus fructueux qu'il est édifiant. Il joint à la voix de l'enseignement la voix même de la vertu, selon cette parole de saint Bernard : *Da voci tuæ vocem virtutis.* Cet homme qui se lève au milieu de son siècle pour en dissiper les erreurs et pour en corriger les vices, cet athlète dont les triomphes égalent les combats, est-ce un orateur énivré de sa propre gloire? Est-ce un Démosthène, cherchant dans les luttes oratoires la satisfaction de son orgueil? Non. C'est le plus humble des religieux; c'est une victime de la pénitence! Suivez-le dans sa cellule : quel renoncement! quelle pauvreté! quelle sujétion à la règle! quel mépris des honneurs! Ce n'est pas que Lacordaire dédaigne le succès ; il le recherche au contraire, il le poursuit avec ardeur, parce que le succès pour lui c'est la défaite de l'erreur et le triomphe de la vérité. Mais dans ce succès même, il n'éprouve d'autre plaisir que celui de pouvoir le rapporter à Dieu, de qui découle tout don parfait : *Omne donum perfectum desursum est decendens à patre luminum.*

Zèle de Lacordaire, zèle infatigable, zèle toujours avide de nouveaux combats. Pendant trente ans, le grand orateur n'a pas quitté la brèche un seul jour. Lacordaire, c'est le soldat qui ne dépose jamais les armes, c'est le général qui, du fond même de sa retraite, prête l'oreille au bruit de la lutte et suit du regard la marche de l'ennemi. Conférences religieuses, discours multipliés sur tous les points de la France, correspondance incessante, fondations nouvelles, soins matériels d'un ordre qui se relève au milieu de mille obstacles et dont l'indigence visite plus d'une fois le foyer, son zèle s'étend à tout et suffit partout. Ajoutez à ces sollicitudes particulières, les sollicitudes d'un ordre général. Partout où un intérêt catholique est en souffrance, que le cri de la justice opprimée s'élève de la Pologne ou de l'Irlande, que les droits de l'Épiscopat soient méconnus ou la suprématie pontificale en péril, Lacordaire trouve dans son âme d'apôtre un écho pour toutes ces douleurs : il porte son action là où la plainte se fait entendre, où se révèle le danger. Si les années brisent ses forces, elles n'affaibliront point son zèle. Sa prodigieuse activité se transforme, elle ne s'éteint pas. Jusques sous le poids des douleurs suprêmes, il conservera une énergie à la hauteur de toutes ses œuvres et dans l'intervalle de ses souffrances il tracera avec son cœur et son génie une magnifique défense de la souveraineté temporelle du Saint-Siége, souveraineté qu'avec Bossuet et avec tous les grands esprits de notre époque, il considérait comme le plus beau monument des âges et comme la clef de voûte de la catholicité (1).

Zèle de Lacordaire, zèle admirablement coordonné aux besoins de son siècle. Chaque époque a ses tendances, et ses besoins varient avec ses aspirations. Aux siècles de foi, l'affirmation solennelle des vérités religieuses; aux siècles travaillés par le doute, la démonstration de ces mêmes vérités par la double autorité de la science et des faits. Aux générations endormies au sein de l'indifférence ou dans l'enivrement des passions, l'apostolat de la jeunesse. Lacordaire connaissait son siècle : il a créé, on peut le dire, un nouveau genre de prédication en harmonie avec des besoins nouveaux. Et n'est-ce pas ce zèle intelligent et attentif qui le détermina à greffer sur un tronc séculaire, cette branche pleine de sève qui s'appelle le Tiers-Ordre enseignant de saint Dominique? N'est-ce pas lui surtout qui a fait éclore l'œuvre de Sorèze, cette œuvre capitale où le grand dominicain mit toute son intelligence et tout son cœur et qui forme tout à la fois le couronnement de ses immortels travaux et l'un de ses plus beaux titres de gloire aux yeux de la postérité?

(1) La brochure du R. P. Lacordaire sur les affaires italiennes est tout ensemble le monument de sa foi et de son génie. Des circonstances, qui seront racontées un jour, avaient rendu la publication de cette brochure non seulement indispensable, mais urgente. Ce fut l'œuvre d'une soirée. Lacordaire demanda deux secrétaires, et il dicta simultanément et d'un seul trait à ces deux secrétaires, suivant à la fois les deux parties de cet éloquent mémoire. Le manuscrit, relu à la hâte, fut expédié le jour-même à l'éditeur.

Il est sous le beau ciel du midi de la France, dans une de ces déclivités de montagne où la méditation se plaît et que rêve la poésie, une oasis habitée depuis des siècles par l'étude et la prière. Cette oasis recouverte de poétiques ombrages, qu'arrosent des eaux toujours limpides et que caressent des souffles embaumés, c'est Sorèze. Sorèze, avec sa gloire qui remonte à travers les siècles jusqu'à Charlemagne et Pépin-le-Bref, avec son école qui longtemps n'eut pas de rivale dans le royaume très chrétien; Sorèze, dont les révolutions ont effeuillé la couronne, mais dont elles ont respecté la renommée, méritait de devenir le *Tusculum* de Lacordaire.

Nous n'avons pas à retracer les circonstances qui préparèrent ce résultat salué par les applaudissements unanimes de la France. Qu'il suffise d'affirmer que Lacordaire déploya ici avec bonheur la tente de son ordre. D'apôtre, il se fit maître, mais c'était pour rester apôtre toujours. En effet, la jeunesse avait été l'objet des préoccupations affectueuses de sa vie tout entière : c'était là l'aimant qui attirait invinciblement son cœur. Maintenant que sa voix ne pouvait plus arriver jusqu'aux grandes foules, ne convenait-il pas de circonscrire la sphère de son apostolat pour en prolonger la durée? S'asseoir au foyer de Sorèze, c'était s'asseoir au foyer de l'avenir. Oh! qui ne se souvient de son entrée triomphale dans les murs de cette antique abbaye? Qui ne le voit, qui ne l'entend, dans cette séance d'inauguration, retracer avec la magie de son style, les phases brillantes de l'école et ouvrir devant elle les larges perspectives d'un avenir plus glorieux encore ? Nous étions là, charmés, ravis, subjugés, frémissants d'enthousiasme et d'espérance..... Et puis l'apôtre se mit à l'œuvre; il se mit à l'œuvre pour réaliser un magnifique programme qui suffirait seul à l'honneur de sa vie. Le génie est comme la gloire : tout ce qu'il touche, il le grandit. Avec Lacordaire, voyez comme l'enseignement s'élève ! Former des générations virilement chrétiennes et atteindre ce résultat, non point par l'exécution d'un réglement sévère mais par la liberté et la spontanéité des actes religieux; agir sur la volonté, par l'effort combiné de l'intelligence et du cœur : voilà son but. Il avait compris, et l'expérience prouve avec trop d'évidence, que les pratiques religieuses résultant des habitudes acquises et d'une contrainte morale subie au collége, ne résistent pas au contact du monde, aux entraînements des passions. En plaçant dans la liberté le foyer des actes religieux, il a mis ces actes mêmes à l'abri de bien des défaillances, parce que la liberté est le principe vital de l'homme, le principe auquel on est toujours fier d'obéir. Voilà l'esprit que Lacordaire a apporté à Sorèze : Voilà l'esprit qui y règne encore. La France sait quelle heureuse transformation est venue couronner une méthode également digne du génie qui l'a conçue et de la grande école où elle reçoit chaque jour une nouvelle application.

Mais hélas ! les ombres du soir viennent voiler avant l'heure cette noble existence. L'apôtre possède toute l'énergie, toute la virilité de son âme; son corps, frêle enveloppe, s'use et dépérit chaque jour.

Il revoit une dernière fois ces vallons aimés et ces montagnes dont, pareil à l'aigle entouré de ses jeunes aiglons, il avait si souvent gravi les poétiques sommets. Comme le voyageur arrivé au terme de sa course, il rassasie son regard du spectacle de cette grande nature qui gardera longtemps son empreinte. Que dis-je? Qu'importent les beautés de la nature au seuil de l'éternité? Lacordaire sent se briser lentement le poids de ses chaînes. Cloué sur un lit de douleur, il n'a plus d'aspirations que pour le ciel. Oh! qui dira la tendresse de ses derniers adieux! Qui dira les saintes effusions de son cœur? Calme et recueilli au milieu des plus violentes tortures, il verse ses derniers épanchements dans l'âme qui a le mieux compris la sienne; puis, comme le roi-prophète, il se réjouit à la pensée de ce Dieu qu'il a servi avec tant d'amour et qui console ses suprêmes douleurs par la manifestation sensible de sa douce présence. « Je le vois, s'écrie-t-il. » Vision sublime, irradiation ineffable qui s'agrandissant par degrés à travers les ombres du trépas, va se confondre dans les splendeurs de l'éternité.

Lacordaire est dans les cieux; mais, sur la terre, son nom est immortel; il l'est partout où l'admiration des peuples tresse des couronnes au génie et à la vertu; il l'est surtout à Sorèze. Là sont ses dépouilles; là dort ce cœur, foyer de tant de flammes; là repose cette tête *qui en a fait penser tant d'autres*. Ces murs, ces cloîtres, ce sanctuaire, tout est peuplé de ses souvenirs. Mais là, surtout, règne son esprit. Si Élie a quitté la

terre, il a laissé son manteau à Élisée. Trompés par une heureuse ressemblance, ne croyez-vous pas, élèves de Sorèze, que c'est le même cœur qui vous aime, la même main qui vous dirige encore (1)? Oui, j'en atteste ces cendres vénérées, l'influence de Lacordaire est ici toujours vivante, toujours souveraine. Pareil à ce guerrier qui, du fond de son cercueil, remportait encore des victoires, Lacordaire continue son œuvre par les mains de ces prêtres, héritiers de son zèle, apôtres, eux aussi, par le double ascendant de la science et de la vertu.

O Père! parmi les hommages décernés à votre mémoire, en est-il un seul auquel le triomphe de ce jour puisse être comparé? La France a ouvert son plus riche écrin pour former autour de votre tombe une radieuse couronne de génie et de sainteté. L'Église d'Alby et l'Église de Perpignan représentées par deux augustes pontifes, déposent sur cette tombe, l'une la plume d'or de l'histoire, l'autre la palme de l'éloquence sacrée. La vieille abbaye de Saint-Denis s'est montrée jalouse de s'associer à ces hommages; et ne fallait-il pas un de ces anges qui pleurent sur la tombe des rois pour verser une larme sur la tombe de ce roi de la parole et de la pensée?

L'Église d'Avignon, cette église que Rome nomme sa

(1) Le R. P. Mourey, confesseur du P. Lacordaire, est le directeur actuel de l'Ecole de Sorèze. C'est lui qui reçut les dernières confidences du grand orateur et fut le dépositaire de ses suprêmes volontés.

sœur, a envoyé, pour rehausser cette solennité funèbre, un pontife qui fut, lui aussi, la gloire de Sorèze avant de devenir, par ses immortels écrits, la gloire de la France entière, un pontife dont les vertus relèvent l'éclat d'un trône si beau que les vicaires de Jésus-Christ ont daigné s'y asseoir. Et autour de ces dignes représentants de l'épiscopat, que de fidèles accourus de tous les points de la France, que de prêtres vénérables, que de magistrats dont la science égale l'équité? O Père! du haut des cieux, accueillez ces hommages! Souvenez-vous de ceux qui, rangés sous la bannière du Christ, combattent les saints combats; qu'appuyés sur vos enseignements et, forts de vos exemples, ils recueillent ici-bas ces triomphes pacifiques qui sont la consolation de la sainte Église, notre mère, et là-haut, ces immortelles couronnes qui sont le prix de votre double apostolat.

Amen!

BIBLIOTHEQUE NATIONALE DE FRANCE
3 7502 01048770 2

www.ingramcontent.com/pod-product-compliance
Lightning Source LLC
LaVergne TN
LVHW021714230826
846091LV00006BA/2169

* 9 7 8 2 0 1 3 3 6 3 6 6 2 *